Gourmini

LIEBEVOLL KOCHEN FÜR DIE KLEINSTEN

Kurz vorab

Das ist kein gewöhnliches „Babybrei-Kochbuch". Es ist vielmehr all den motivierten Mamis und Papis gewidmet, die ihrem Nachwuchs etwas mehr als nur ein undefinierbares Breidurcheinander anbieten möchten. Es ist für alle Hobbyköchinnen und -köche, die sich mit der Geburt des eigenen Kindes in ihren Kochkünsten nicht auf eine Schüssel mit Gemüseallerlei degradieren lassen wollen, denn das Leben und vor allem die Kunst des Kochens und Genießens sollte auch mit dem Elternsein nicht verloren gehen. Es ist gerichtet an alle ambitionierten Schwiegermütter und -väter, Schwippschwägerinnen und -schwäger, Freundinnen und Freunde von offensichtlich leicht übernächtigten, frischgebackenen Eltern, deren Babys man einfach mal über alle Maßen verwöhnen möchte, wenn der erste Besuch ins Haus steht.

Die Rezepte sind vorrangig für das zahnlose Breichen-Alter nach der Eingewöhnung an die einzelnen Gemüse- und Obstsorten gedacht, also zwischen fünf und zehn Monaten.

Zum Start gibt's ein paar hinlänglich bekannte Weisheiten zur Breieinführung. Alle Wissenden können diesen kurz gehaltenen Teil großzügig überblättern. Alle Unwissenden finden ein paar nützliche Tipps, die das stundenlange Surfen im World Wide Web deutlich verkürzen dürften. Zeit, die man gut fürs Kochen und vor allem fürs Anrichten verwenden kann.

Also dann, ran an die Töpfe, den Stabmixer und die Anrichtutensilien und lasst der Fantasie ruhig freien Lauf!

Eure Cora Mini

Inhalt

Einerlei –
die erste Breierfahrung

Zweierlei –
Gemüseduett

Dreierlei –
erst das Ei oder das Huhn?

Vielerlei –
die nächste Mahlzeit

Einerlei – die erste Breierfahrung

Eines Tages, vollkommen unerwartet, wird Euer kleiner Schatz sein Fläschchen nicht mehr austrinken – und an den Folgetagen ebenso. Stattdessen ahmt er Euch beim Essen nach und imitiert voller Begeisterung Eure Essensbewegungen. Nun ist der richtige Zeitpunkt gekommen, um es mit der ersten Breimahlzeit zu versuchen. Man startet Babys Breialltag in der Regel mit Möhrenbrei. Er schmeckt süßlich und ist leicht verdaulich. Wenn der Möhrenbrei gut vertragen und in einer angemessenen Menge gegessen wird, mischt man ein wenig Kartoffel darunter, im Mengenverhältnis 2:1, also zwei Teile Gemüse und ein Teil Kohlenhydrate. Dieses Verhältnis bleibt immer gleich, auch wenn die Kartoffeln später durch Vollkornpasta oder Polenta ersetzt werden.

Tipp

Um diesen denkwürdigen Moment wirklich genießen zu können, hier noch eine unverzichtbare „Nicht-Zutatenliste":

• Kamera zum Festhalten des ersten Löffelchens, denn diesen Moment gibt's nur einmal!

• Feuchte Tücher zum Zwischenwischen der Sabberschnute.

• Kleine Frischhaltetöpfchen oder Eiswürfelbehälter zum Abfüllen von Portionen für den nächsten Tag und zum Tiefgefrieren als Vorrat.

Möhrenbrei

geeignet ab 4 Monaten, stuhlregulierend, eher festigend

Zutaten für 1–2 Portionen

1–2 Möhren (100–200 g)
1 Spritzer Rapsöl
(nicht kaltgepresst)
1 EL Orangensaft

Zubereitung

Möhren schälen, würfeln und mit Wasser bedeckt ca. 10 Minuten weich kochen. Wasser abgießen, Möhren mit dem Stabmixer gründlich pürieren und anschließend ein wenig Möhrenkochwasser unterrühren, damit die Konsistenz cremig wird. Rapsöl und Orangensaft untermischen, damit fettlösliche Vitamine und Eisen vom Körper besser aufgenommen werden können.

Genießt diesen Moment des ersten Löffelchens! Oh, welch magischer Augenblick: Baby isst, was Mami oder Papi gekocht hat! Danach folgt zwar eine kleine Ernüchterung, denn die lieben Kleinen haben oft beim ersten Versuch nach zwei bis vier Löffeln genug und Mama oder Papa können den Rest vom Brei leicht frustriert allein essen. Außerdem hinterlassen die Fehlversuche, den Brei unbeholfen mit der Zunge durch den Mund Richtung Gaumen zu transportieren, äußerst unschöne orangefarbene Flecken auf den Lätzchen, die als unauswaschbar gelten. Was ich im Übrigen bestätigen kann. Als Alternativgemüse zum Start empfehle ich wärmstens Pastinaken. Sie sind geschmacklich der Möhre absolut ebenbürtig und hinterlassen definitiv einen weniger bleibenden Eindruck in Babys und Mamas oder Papas Kleidung. Doch trotz all der Mühe, die man sich mit dem ersten Brei gemacht hat, und des mehr oder weniger großen Erfolgs freut man sich sogar beim nächsten Windelwechsel, wenn das Selbstgekochte wieder fast unverdaut zum Vorschein kommt, und kann es kaum erwarten, die nächste Gemüsesorte auszuprobieren.

Zweierlei – Gemüseduett

Hat man die erste Runde Brei überstanden, geht's direkt in die Verlängerung – und Euer Baby darf neue Geschmackserfahrungen sammeln! Nach vier bis fünf Tagen Möhren-Kartoffel-Brei testet man das nächste Gemüse, wie Zucchini oder Pastinaken. Das Schema bleibt immer gleich. Wenn Euer Baby den Brei nicht mag, wird die Gemüsesorte einfach abgesetzt und zu einem späteren Zeitpunkt noch einmal ausprobiert. Das Gleiche gilt für Unverträglichkeiten oder Verdauungsprobleme. Wichtig ist, immer nur eine neue Gemüsesorte zu testen. Euer Baby soll nicht nur den neuen Geschmack kennenlernen, sondern vor allem die Verdauung muss sich auf die neue Nahrung einstellen, was man spätestens bei den neuen Windel-geruchsnoten feststellen wird.

Gut zu wissen

- Zucchini, Pastinaken und Fenchel wirken eher stuhlregulierend, Möhren und Kürbis eher festigend.
- Vitamin C im Obstsaft hilft bei der Aufnahme des Eisens aus dem Gemüse.
- Öl hilft bei der Resorption von fettlöslichen Vitaminen.

Tipp

Gemüsebrei kann man sehr gut für zwei Tage vorbereiten. Die zweite Portion einfach im Kühlschrank aufbewahren.

Pastinaken-Süßkartoffel-Püree

geeignet ab 4 Monaten, stuhlregulierend

Zutaten für 2 Portionen

200 g Pastinaken
1 kleine Süßkartoffel (ca. 100 g)
1 Spritzer Rapsöl
(nicht kaltgepresst)
1 EL Orangensaft

Zubereitung

Pastinaken und Süßkartoffel schälen und würfeln. Anschließend mit Wasser bedeckt ca. 10 Minuten weich kochen, Wasser abgießen und das Gemüse mit dem Stabmixer pürieren. Kurz vor dem Servieren Rapsöl und Orangensaft untermischen. Guten Appetit!

Dreierlei – erst das Ei oder das Huhn?

Jetzt geht's sozusagen in die Endrunde der Breieinführung. Isst Euer Kleines eine volle Mahlzeit Gemüsebrei (150–250 g), kann man es zweimal pro Woche mit etwas Fleisch oder einem halben Eigelb als Zugabe versuchen.

Gut zu wissen

Definitiv nicht zu verwenden sind im ersten Lebensjahr:

- Salz; belastet die Nieren
- Quark; belastet die Nieren
- Rohe Eier und Rohmilch; Salmonellengefahr
- Hülsenfrüchte; rufen Blähungen hervor
- Honig; kann Botulismussporen enthalten, die zu einer tödlichen Vergiftung führen können
- Alkohol; Vergiftungsgefahr
- Nüsse; können Allergien auslösen, dadurch besteht Erstickungsgefahr
- Scharfe Gewürze; sind schlecht verträglich

Zucchini-Kartoffel-Brei mit Ei

geeignet ab 5 Monaten, stuhlregulierend

Zutaten für 2 Portionen

1–2 Kartoffeln (100–150 g)
1 mittelgroße Zucchini (ca. 100 g)
1 **Spritzer** Rapsöl
(nicht kaltgepresst)
1 **EL** Apfelsaft
½ hart gekochtes Eigelb

Zubereitung

Kartoffel(n) schälen und klein schneiden. Zucchini waschen, die Enden abschneiden und die Zucchini klein schneiden. Zucchini- und Kartoffelstückchen mit Wasser bedeckt ca. 10 Minuten garen. Wasser abgießen und Zucchini und Kartoffeln mit dem Stabmixer fein pürieren. Kurz vorm Servieren mit Rapsöl und Apfelsaft verfeinern. Eigelb klein schneiden und daruntermischen.

Ist der erste Zauber des Babybreichens allerdings verflogen, wird es schnell ziemlich langweilig, sich in der Gemüseabteilung im Supermarkt zwischen der doch sehr beschränkten Auswahl babyaltersgerechter Gemüsesorten entscheiden zu müssen.

Dreierlei – erst das Ei oder das Huhn?

Macht man einen Ausflug zu den Fertiggläschen, wird es auch nicht besser, denn wirft man einen Blick auf die Inhaltsangaben, kann man die Folgen bereits vor sich sehen. Da liest man von Bohnen, Zwiebeln, Fruchtsaftkonzentraten und vielem mehr. Jetzt hat's das liebe Kleine endlich ins Breichen-Alter geschafft und die langweiligen Eingewöhnungsrunden schadlos überstanden, dann sollten wir uns auch ab und an etwas Besonderes einfallen lassen. Und mal ehrlich, an Gelegenheiten mangelt es ja nun wirklich nicht.

Hand aufs Herz. Euer kleiner Schatz feiert mal wieder einen seiner unsagbar vielen monatlichen „Geburtstage" in seinem ersten Lebensjahr – und Ihr wollt ihm tatsächlich schon wieder so ein absolut optisch unwertvolles Breiallerlei vor die Nase setzen? Sollten wir nicht nur den Geschmackssinn des Babys trainieren, sondern ihm auch helfen, Geschmack mit Farben zu verbinden? Oder was ist z. B. mit der ersten Mahlzeit im Babyhochstuhl und das folgende erste gemeinsame Familienessen am großen Esstisch? Anstelle einer gemeinschaftlichen Mahlzeit bekommt Baby ein einfarbig püriertes Gemüsemus, während Mami und Papi es sich mit lecker dekorierten Tellern gemütlich machen. Das erinnert eher an Klassentrennung als an Familienzusammenführung. Vergessen wir auch nicht all die Gelegenheiten, auf die wir uns schon seit Langem gefreut haben, wie den ersten gemeinsamen Besuch bei Freunden, bei der Arbeitsstelle oder im Sportclub. Das muss doch gefeiert werden, und zwar am besten vor Ort, mit einer feinen Eigenkomposition für unterwegs. Da kriegt Baby doch richtig Lust auf Auswärts-essen-gehen! Und erst die Besuche dieser „Übermamas" zu Hause mit ihren gleichaltrigen Supersprösslingen oder der lieben Verwandtschaft, die prinzipiell alles besser weiß und es früher ja eh alles ganz anders war. Beeindrucken oder besser verunsichern wir sie doch mit einer besonders extravaganten Kreation! Anregungen gibt's in diesem Buch genügend …

geeignet ab 5 Monaten, stuhlregulierend

Nach dem Mittagsbrei wagt man sich nun an die nächste Mahlzeit. Am Nachmittag beginnt man jetzt, das Fläschchen durch Obst zu ersetzen. Gestartet wird mit einer halben Banane, die einfach mit einer Gabel gut zerdrückt wird. Isst das Kleine die Banane auf, kann man geraspelte Birne oder Apfel dazugeben. Falls der rohe Apfel zu Verstopfung führt, einfach durch gekochten Apfel ersetzen. Nach Apfel und Birne folgen ab dem sechsten Monat Aprikose, Pfirsich usw. (Ernährungsrichtlinien beachten!). Zu empfehlen ist natürlich, Saisonobst zu verwenden. Beerenobst lieber erst auf Verträglichkeit testen und vor allem durch ein Sieb drücken, um die kleinen Kerne herauszufiltern. Dadurch beugt man so mancher unliebsamen Verdauungsstörung vor. Mit den Nachmittags- bzw. Dessertbreien öffnen sich ganz neue Möglichkeiten. Die Vielfältigkeit der Kombinationen ist immens. Nicht nur, dass man das leckere saisonale Früchteangebot durchstreifen kann, viele Gemüsesorten schmecken mit etwas Obst verfeinert noch viel aromatischer. Ein wahres Fest für den Geschmackssinn …

Gut zu wissen

• Den Obstbrei nicht zuckern! Lehnt Euer Kleines den Brei ab, kann das auch am Reifegrad der Früchte liegen.
• Mit steigender Obstmenge sollte sich die Fläschchenmahlzeit nach und nach reduzieren.
• Wird Euer Baby mit reinem Obstbrei nicht satt genug, kann man ihn mit glutenfreien Getreideflocken anreichern.
• In den ersten sechs Monaten kein glutenhaltiges Getreide wie Weizen, Dinkel, Gerste, Hafer und Roggen geben.

Gemüsebreie

ab dem 5. Monat

Kleiner Teufelsbraten

Rote-Bete-Süßkartoffel-Püree

Kleiner Teufelsbraten
Rote-Bete-Süßkartoffel-Püree

Zubereitungszeit: 30 Minuten
geeignet ab 5 Monaten, stuhlregulierend

Zutaten für 1 Portion

ca. 200 g Rote Bete
1 kleine Süßkartoffel (ca. 100 g)
3 TL Rapsöl und **etwas** für den Servierring (nicht kaltgepresst)
1 EL Orangensaft
50 g Fleisch nach Wahl (z. B. Pute)

Zubereitung

Rote Bete* und Süßkartoffel schälen, in Würfel schneiden. (Für das Schälen der Roten Bete am besten Handschuhe tragen, da sie ziemlich färbt.) Getrennt voneinander mit Wasser bedeckt weich kochen (Rote Bete braucht 15–20 Minuten, Süßkartoffeln brauchen nur ca. 10 Minuten).

Das Wasser abgießen, zurückbehalten und das Gemüse mit dem Stabmixer fein pürieren. Je 1 TL Rapsöl und ½ EL Orangensaft unter jedes Gemüsepüree mischen.

Fleisch in einer kleinen Pfanne mit etwas Gemüsekochwasser 1–2 Minuten pochieren. Anschließend mit 2–3 EL Gemüsekochwasser und 1 TL Rapsöl mit dem Stabmixer zu einer feinen Creme pürieren.

Anrichten

Gemüsepürees mithilfe eines mit Rapsöl eingepinselten Servierrings übereinanderschichten, den Servierring entfernen und die Pürees mit der Creme aus Fleisch bedecken. Jeweils nach Belieben dekorieren.

Tipp

* Rote Bete hat unserem Kleinen von Anfang an unglaublich gut geschmeckt. Eine echte Abwechslung in Babys Breialltag. Viel Spaß beim Ausprobieren!

Achtung

Bitte nicht beim Windelwechseln erschrecken, denn der Windelinhalt wird sich farblich kaum vom Rote-Bete-Brei unterscheiden!

1

2

3

4

Flower Power

Blumenkohl-Süßkartoffel-Püree

Flower Power
Blumenkohl-Süßkartoffel-Püree

Zubereitungszeit: 30 Minuten
geeignet ab 6 Monaten, stuhlregulierend

Zutaten für 2 Blumen = 1 Portion

ca. 100 g Blumenkohl
(nur die Röschen verwenden)

1 kleine Süßkartoffel (ca. 100 g)

1 EL Orangensaft

2 TL Rapsöl (nicht kaltgepresst)

Oliven- oder Rapsöl
(zum Dekorieren)

Zubereitung

Blumenkohl waschen und putzen. 5–10 Minuten (je nach Größe der Röschen) mit Wasser bedeckt weich kochen, Wasser abgießen und Blumenkohl mit dem Stabmixer fein pürieren.

Süßkartoffel schälen und würfeln. 10 Minuten mit Wasser bedeckt garen, Wasser abgießen und Süßkartoffeln ebenfalls pürieren.

Orangensaft zu den Süßkartoffeln geben. Je 1 TL Rapsöl unter jedes Püree mischen.

Tipp

Natürlich sind die Gemüsesorten je nach Alter des Babys austausch- oder besser anpassbar. Wer gern mit Farben spielt, dem empfehle ich gelbe „Pfälzer Möhren", blaue Kartoffeln oder Brokkoli zur Ergänzung. So kann man einen ganzen Blumenteppich zaubern. Damit lassen sich nicht nur zum Muttertag Herzen erobern!

Anrichten

Jede Gemüsecreme bis auf einen kleinen Klecks in ein passendes Backförmchen füllen und jeweils mit einem Klecks der anderen Creme versehen. Nach Belieben kann auch etwas Fleischpüree für die Punkte verwendet werden.

Abschließend etwas Oliven- oder Rapsöl um die Blumen geben – und fertig ist die Flower Power.

Île de Popeye

Blattspinat, Polenta und das Gelbe vom Ei

Île de Popeye
Blattspinat, Polenta und das Gelbe vom Ei

Zubereitungszeit: 20 Minuten
geeignet ab 7 Monaten, stuhlauflockernd

Zutaten für 1 Portion

1 EL Polenta (feiner Maisgrieß)
1 Butterflöckchen
2 TL Olivenöl und **etwas** für den Servierring
ca. 100 g Blattspinat
2 EL Orangensaft
1 geschälte, weich gekochte Kartoffel (75–100 g)
½ hart gekochtes Eigelb

Zubereitung

Polenta* in 100 ml kochendes Wasser einrühren, Hitze reduzieren und Polenta ca. 2 Minuten unter gelegentlichem Rühren weiterköcheln lassen, bis sie schön weich ist. Vom Herd nehmen und mit dem Butterflöckchen verfeinern.

Solange die Polenta noch weich ist, in einen mit Olivenöl eingepinselten Servierring füllen. Den Servierring entfernen, wenn die Polenta fest geworden ist.

Blattspinat* waschen und putzen, Stiele entfernen. Spinat in kochendem Wasser blanchieren und in Eiswasser abschrecken. Zusammen mit Olivenöl, Orangensaft und der Kartoffel fein pürieren.

Anrichten

Püree abgedeckt kurz in der Mikrowelle erwärmen und auf dem Teller um die Polenta verteilen. Zum Schluss noch das Eigelb darüberbröseln. Fertig ist der Spinatklassiker in neuem Gewand!

Tipp

* Man kann die Polenta und den Blattspinat sehr gut für die gesamte Familie kochen: einfach vor dem Würzen und vor dem Einsatz des Stabmixers eine Portion fürs Kleine beiseitestellen.

1

2

3

Seeteufelchen auf Landgang

Vanille-Seeteufel an Pastinakencreme auf Süßkartoffeln und
Rote Bete gebettet

Seeteufelchen auf Landgang

Vanille-Seeteufel an Pastinakencreme
auf Süßkartoffeln und Rote Bete gebettet

Zubereitungszeit: 30 Minuten (+ 30 Minuten Marinierzeit)
geeignet ab 7 Monaten, stuhlregulierend

Zutaten für 1 Portion

¼ Vanilleschote
3 TL Rapsöl und **etwas** für den
Servierring (nicht kaltgepresst)
1 Spritzer Zitronensaft
ca. 40 g Seeteufel-Medaillon
1 kleine Rote Bete (ca. 80 g)
1 kleine Pastinake (ca. 80 g)
1 kleine Süßkartoffel (ca. 100 g)

Zubereitung

Die Vanilleschote längs aufschlitzen, Mark
herauskratzen und mit 1 TL Rapsöl und
Zitronensaft zu einer Marinade verquirlen.

Seeteufel-Medaillon mit der Marinade be-
streichen und ca. 30 Minuten marinieren.

Währenddessen Rote Bete, Pastinake und
Süßkartoffel schälen, in kleine Würfel schneiden
und getrennt voneinander mit Wasser bedeckt
weich kochen. (Für das Schälen der Roten Bete
am besten Handschuhe tragen, da sie ziemlich
färbt; Rote Bete braucht mit 15–20 Minuten
Kochzeit länger als das andere Gemüse, deshalb
damit beginnen.) Wasser abgießen und Gemüse
mit dem Stabmixer fein pürieren.

Restliches Rapsöl mit der ausgekratzten Vanilleschote in einer beschichteten Pfanne erhitzen und
Seeteufel-Medaillon sanft von beiden Seiten in
der Marinade garen.

Fisch mit dem restlichen Bratfond und 2–3 EL
Pastinakenpüree zu einer feinen Creme pürieren.

Tipp

Natürlich ist diese Kombination
auch ohne Fisch ein absoluter
Gaumenschmaus. Da sicherlich
von den Gemüsepürees etwas
übrig bleibt, kann man diese
hervorragend ohne Fisch in ein
Gläschen für den nächsten Tag
abfüllen oder tiefgefrieren.

Anrichten

Mithilfe eines mit Rapsöl
eingestrichenen Servierrings
erst Rote-Bete-Püree, dann
Süßkartoffel- und zum Schluss
Fischpüree auf einem Teller
anrichten. Den Servierring
vorsichtig abheben. Ein ganz
besonderer Fischgenuss!

Happy Valentine

Schweinefilet im Blumentöpfchen

Happy Valentine
Schweinefilet im Blumentöpfchen

Zubereitungszeit: 45 Minuten
geeignet ab 7 Monaten, stuhlregulierend

Zutaten für 2 Portionen

2 Kartoffeln (150–200 g)
300 g violetter Blumenkohl
(nur die Röschen)
40 g Schweinefilet
3 TL Rapsöl (nicht kaltgepresst) und
etwas zum Dämpfen und
für den Servierring
2 Butterflöckchen
1–2 EL Apfelsaft

Zubereitung

Kartoffeln schälen. Blumenkohlröschen waschen und putzen. Kartoffeln und Blumenkohlröschen getrennt voneinander mit Wasser bedeckt ca. 10 Minuten weich kochen. Wasser abgießen und Kartoffeln warm stellen. Blumenkohl mit dem Stabmixer pürieren.

Schweinefilet in Streifen schneiden und in einer Pfanne mit etwas Rapsöl und etwas Wasser sanft dämpfen. Fleisch mit 2 TL Rapsöl und etwas Blumenkohlkochwasser pürieren, damit es eine cremige Konsistenz bekommt.

Nun die noch warmen Kartoffeln mit einer Gabel zerdrücken, Butterflöckchen unterziehen und mit etwas Wasser zu einem glatten Kartoffelbrei rühren. Blumenkohlpüree mit 1 TL Rapsöl und Apfelsaft mischen.

Anrichten

Nach Belieben die verschiedenen Pürees in einen mit Rapsöl eingepinselten Servierring schichten, dann den Servierring vorsichtig entfernen. Sehr zu empfehlen, wenn Besuch ins Haus steht!

Tipp

Der Farbgebung sind hier keine Grenzen gesetzt. Je nach Anlass kann man den violetten Blumenkohl auch hervorragend durch Rote Bete ersetzen.

Im Übrigen schmeckt dieses Gericht auch sehr gut mit Lamm. Sollte man zu einem Festtag einen Lammbraten zubereiten, einfach ein ungewürztes Stück separat garen.

1

2

3

Sweet Chicken

Bananen-Hühnchen auf Mango-Möhren-Püree an Vollkornreis

Sweet Chicken
Bananen-Hühnchen auf Mango-Möhren-Püree an Vollkornreis

Zubereitungszeit: 45 Minuten
geeignet ab 8 Monaten, stuhlregulierend

Zutaten für 1 Portion

2 gelbe Möhren
(„Pfälzer Möhren"; ca. 200 g)

2–3 EL Vollkornreis

40 g Hühnerbrust

½ Banane

2 TL Rapsöl und **etwas** für den
Servierring (nicht kaltgepresst)

100 ml Vollmilch

1 fingerdicke Scheibe Mango

Zubereitung

Möhren schälen, würfeln und mit Wasser bedeckt
ca. 10 Minuten weich kochen. Wasser abgießen,
zurückbehalten und Möhren warm stellen. Reis
nach Packungsanweisung im Möhrenkochwasser
weich garen.

Währenddessen Hühnerbrust klein schneiden und
mit ¼ Banane und 1 TL Rapsöl erhitzen. Milch
zugeben und ca. 5 Minuten bei schwacher Hitze
sanft köcheln lassen. Gekochten Reis mit restlichem Rapsöl mischen und sofort in einem mit
Rapsöl eingepinselten Servierring anrichten, dann
den Servierring vorsichtig entfernen.

Anrichten

Mango schälen, zusammen mit den Möhren mit
dem Stabmixer pürieren und auf den Reis geben.
Nun Hühnerbrust mit der gegarten Banane zu
einer feinen Creme pürieren und auf dem Mango-
Möhren-Püree anrichten. Restliche Banane klein
schneiden und zum Dekorieren verwenden.

Tipp

Für unseren Sohn ist das
Bananen-Hühnchen seine
persönliche Baby-Foie-gras,
ein wahres Festessen. Deshalb
ist die Portionsmenge auch
etwas großzügiger bemessen.
Ab dem zehnten Monat kann
auch ungesüßte Kokosmilch
die normale Milch ersetzen.

Sonne, Mond und Sterne

Schwarzwurzel-Kartoffel-Püree an Pflaumenmus

Sonne, Mond und Sterne
Schwarzwurzel-Kartoffel-Püree an Pflaumenmus

Zubereitungszeit: 45 Minuten
geeignet ab 8 Monaten, stuhlregulierend

Zutaten für 1 Portion

1 Schwarzwurzel (ca. 150 g)
1 Spritzer Zitronensaft
1–2 gelbe Pflaumen
1–2 blaue Kartoffeln (100–150 g)
2–3 TL Rapsöl (nicht kaltgepresst)

Zubereitung

Schwarzwurzel* ** waschen, schälen und klein schneiden (am besten Handschuhe tragen, da sie ziemlich färbt). Mit Wasser bedeckt und mit Zitronensaft ca. 20 Minuten garen, damit sie sich nicht gelb verfärbt.

Währenddessen Pflaumen entsteinen, mit Wasser bedeckt kurz aufkochen, herausnehmen und die Schale entfernen. Kochwasser zurückbehalten.

Nun Kartoffeln schälen, vierteln und im Pflaumenkochwasser 10–15 Minuten garen. Sie erhalten dadurch eine feine, fruchtige Note. Etwas Kochwasser zurückbehalten. Kartoffeln anschließend mit einer Gabel zerdrücken, dann mit 1–2 TL Rapsöl und etwas Kochwasser zu einer cremigen Konsistenz verarbeiten.

Tipp

* Schwarzwurzeln werden im Herbst geerntet, ebenso wie Pflaumen. Daher passt das Pflaumenmus perfekt zum Gericht.

** Schwarzwurzeln rufen manchmal bei Kindern Blähungen hervor. Bei Unverträglichkeit einfach durch Pastinaken ersetzen.

1

2

Pflaumen mit dem Stabmixer pürieren und in ein kleines Gefäß zum Dippen füllen.

Schwarzwurzel abtropfen lassen und zusammen mit dem restlichen **Rapsöl** ebenfalls pürieren.

Anrichten

Gemüsepürees in Backförmchen anrichten und eventuell noch kleine Gesichter aufmalen.

Summer Risotto

Gemüsereis à la Mexiko

Summer Risotto
Gemüsereis à la Mexiko

Zubereitungszeit: 20 Minuten (+ 30 Minuten Kühlzeit)
geeignet ab 9 Monaten, stuhlregulierend

Zutaten für 1 Portion

½ Tomate
etwas Salatgurke
2–3 EL Reis
2 TL Rapsöl (nicht kaltgepresst)
¼ Avocado
2–3 EL Orangensaft
evtl. **einige** Gemüsewürfel
(zum Garnieren)

Zubereitung

Tomate häuten, von den Kernen und dem Strunk befreien und in kleine Würfel schneiden.

Gurke schälen, Kerne entfernen und Fruchtfleisch ebenfalls würfeln.

Reis nach Packungsanweisung garen. Dabei ca. 2 Minuten vor dem Garzeitende Tomaten- und Gurkenwürfel hinzufügen, einige davon eventuell zum Garnieren zurückbehalten. Wenn der Reis weich ist, vom Herd nehmen und Rapsöl unterrühren.

Gemüsereis noch warm in einen Servierring füllen und abkühlen lassen. Servierring entfernen.

Währenddessen Avocado-Fruchtfleisch mit Orangensaft zu einer Creme verarbeiten.

Anrichten

Avocadocreme auf dem abgekühlten Reis anrichten und eventuell mit ein paar Gemüsewürfeln garnieren.

Tipp

Dieses Gericht ist perfekt für heiße Sommertage, da es nicht nur kalt, sondern sogar direkt aus dem Kühlschrank extrem lecker schmeckt. Die restliche Avocado kann man sehr gut für eine schnelle (Erwachsenen-) Guacamole verwenden: einfach die Avocado mit einer Gabel zerdrücken, mit 1 Spritzer Zitronensaft und 1 TL saurer Sahne vermengen und mit etwas Salz und Muskatnuss abschmecken. Fertig.

Carrots go Fishing

Lachs an buntem Möhrenpüree auf Reis gebettet

Carrots go Fishing
Lachs an buntem Möhrenpüree auf Reis gebettet

Zubereitungszeit: 30 Minuten
geeignet ab 9 Monaten, stuhlregulierend

Zutaten für 1 Portion

2 EL Reis
ca. 40 g Lachs
1 Spritzer Zitronensaft
etwas Olivenöl
1 violette Möhre (ca. 100 g)
1 gelbe Möhre
(„Pfälzer Möhre"; ca. 100 g)
3 TL Rapsöl und **etwas** für den Servierring (nicht kaltgepresst)
1 EL Orangensaft

Zubereitung

Reis nach Packungsanweisung in Wasser weich garen. **Lachs*** mit **Zitronensaft** und **Olivenöl** leicht marinieren, in Backpapier einwickeln und im vorgeheizten Ofen bei 150 Grad ca. 10 Minuten sanft garen.

In der Zwischenzeit **Möhren** schälen und klein schneiden. Getrennt voneinander (die violette Möhre würde die gelbe färben) ca. 10 Minuten mit Wasser bedeckt weich kochen. Wasser abgießen und Möhren getrennt voneinander mit dem Stabmixer pürieren.

Je 1 TL **Rapsöl** und ½ EL **Orangensaft** unter die Gemüsepürees mischen. Anschließend restliches **Rapsöl** unter den Reis mengen.

Anrichten

Zuerst Reis, dann gelbes und anschließend violettes Püree in einen mit **Rapsöl** eingepinselten Servierring schichten. Servierring vorsichtig entfernen und Lachs auf das Püree betten.

Gut zu wissen

* Lachs enthält viel Fischöl, das mit seinen Omega-3-Fettsäuren für die Entwicklung des Gehirns des Babys enorm wichtig ist. Außerdem liefern Seefische Jod für die Schilddrüse. Also: Bevor man die heimischen Gewässer plündert, darf es aus dem Meer ruhig etwas mehr sein!

Green Pasta

Pangasiusfilet an Tomatensugo mit Nudeln in Salatpesto
auf einem Birnenbett

Green Pasta

Pangasiusfilet an Tomatensugo mit Nudeln
in Salatpesto auf einem Birnenbett

Zubereitungszeit: 45 Minuten
geeignet ab 9 Monaten, stuhlregulierend

Zutaten für 1 Portion

ca. 40 g Hartweizennudeln
½ Birne
1 Spritzer Zitronensaft
ca. 100 g Römersalat
2–3 TL Olivenöl
½ Tomate
ca. 40 g Pangasiusfilet

Zubereitung

Nudeln nach Packungsanweisung in reichlich
Wasser weich kochen. Währenddessen Birne
schälen und mit Zitronensaft ca. 5 Minuten in
etwas Wasser garen. Birne herausnehmen,
Wasser zurückbehalten, Birne kurz abkühlen
lassen und fein würfeln.

Römersalat waschen, putzen, im Birnenkochwasser kurz aufkochen und 5 Minuten ziehen
lassen. Aus dem Wasser nehmen, gut abtropfen
lassen, zusammen mit 1 TL Olivenöl fein pürieren
und beiseitestellen.

Tomate häuten, von den Kernen und dem Strunk
befreien und klein würfeln. Pangasiusfilet* in
einer kleinen Pfanne in wenig Olivenöl mit den
Tomatenwürfeln ca. 5 Minuten sanft garen.

Anrichten

Nudeln kurz anpürieren, mit dem Salatpesto
mischen; wenn nötig, noch etwas Olivenöl
hinzufügen. Nach Belieben anrichten.

Gut zu wissen

* Das Filet des Pangasius hat so gut wie keine Gräten und riecht angenehm wenig nach Fisch – und das sind nur einige Pluspunkte für diesen mild schmeckenden Süßwasserfisch.

Heilbutt an Crema di Melanzane

Heilbuttfilet auf Tomaten-Bulgur-Salat,
gereicht mit einer Auberginencreme

Heilbutt an Crema di Melanzane

Heilbuttfilet auf Tomaten-Bulgur-Salat,
gereicht mit einer Auberginencreme

Zubereitungszeit: 60 Minuten inklusive 40 Minuten Garzeit
geeignet ab 10 Monaten, stuhlregulierend

Zutaten für 1 Portion

1 Aubergine (ca. 200 g)
2 EL Bulgur
½ Tomate
3 TL Olivenöl und **etwas** für den Servierring
ca. 40 g Heilbuttfilet (Wildfang)
2 Spritzer Zitronensaft

Zubereitung

Aubergine mit einer Gabel ringsherum einstechen und im auf 240 Grad vorgeheizten Backofen auf der mittleren Schiene ca. 40 Minuten garen, anschließend etwas abkühlen lassen.

Bulgur nach Packungsanweisung in Wasser garen.

In der Zwischenzeit **Tomate** schälen, die Kerne und den Strunk entfernen, das Fruchtfleisch fein würfeln. 2 Minuten vor Garzeitende die Tomatenwürfel mit 1 TL **Olivenöl** unter den Bulgur geben.

Heilbuttfilet mit 1 TL **Olivenöl** und 1 Spritzer **Zitronensaft** bei mittlerer Hitze in einer kleinen Pfanne sanft garen.

Tipp

Das Auberginenmus wächst praktisch mit den Kleinen mit: Wenn sie mit einem Jahr in das Vollmilchalter starten, kann man noch 1 TL Joghurt unter die Creme geben. Und den „Großen" unter uns empfehle ich, die Crema di Melanzane mit etwas Thunfisch, Knoblauch, Salz, Pfeffer und einer Prise Cayennepfeffer für die Schärfe zu verfeinern – ein leckerer Dip, der Urlaubsstimmung aufkommen lässt.

Den noch warmen Bulgur-Tomaten-Salat in einen mit Olivenöl eingepinselten Servierring füllen und mit dem Fischfilet toppen. Den Servierring vorsichtig entfernen.

Aubergine halbieren, das Fruchtfleisch mit einem Löffel aus der Schale lösen. Mit 1 TL Olivenöl und 1 Spritzer Zitronensaft cremig pürieren und in einem kleinen Schälchen zum Fisch servieren.

1

2

3

Unterwegs

Breichen aus dem Glas
ab dem 6. Monat

Mal eine kurze Frage vorab: Wie läuft es denn so bei den Mahlzeiten außer Haus? Man kann bei solchen Gelegenheiten ja nicht nur die skurrilsten Abwehrreaktionen des zu fütternden Nachwuchses beobachten, sondern leider vor allem die hilfesuchenden Bemühungen von Mama und Papa, den Geräuschpegel und die „Umweltverschmutzung" für Lokalbesitzer und -besucher in erträglichen Grenzen zu halten. Eigentlich hat man sich auf diesen Ausflug als Familie gefreut und man wollte es sich so richtig gut gehen lassen. Aber solch ein Gezeter am Mittagstisch verdirbt auch dem stärksten Gemüt irgendwann den Appetit.

Wie gern unsere Kleinen auswärts essen, hängt natürlich von vielen Dingen ab: Wie groß ist die Ablenkung im Restaurant? Ist das Kleine bereits daran gewöhnt, auswärts zu essen? Und natürlich die Frage aller Fragen: Was steht denn heute auf dem Speiseplan?

Sind wir mal ehrlich, so treffen wir uns ja schließlich auch nicht zum Lunch mit Freunden in der Supermarktabteilung für Mikrowellengerichte. Nein, wir gehen in unser Lieblingsrestaurant und bestellen meistens das, was wir eh schon kennen: unser Lieblingsgericht.

Et voilà, genauso sollten unsere lieben Kleinen die Auswärtsmahlzeiten kennenlernen, mit der Lieblingsspeise im Glas. So gibt es statt Gebrüll leuchtende Augen am Tisch, wenn das bereits bekannte Gläschen aus der Tasche gezaubert wird, und statt Abwehrgestrampel erwartet Mama und Papa diesmal Freudengezappel. Ach ja, so schön könnte ein Ausflug mit der Familie sein!

Auf den folgenden Seiten befinden sich Rezeptvorschläge, die definitiv alltagstauglich sind und – egal, ob lauwarm oder kalt – von unserem Sohn genussvoll verspeist wurden. Es sind absolut unkomplizierte Alternativen zum allseits bekannten Fertigglas für unterwegs. Sie sind gut vorzubereiten, schnell zubereitet und müssen zum Verzehr nicht mehr unbedingt erwärmt werden. Man benötigt neben einem auslaufsicheren Transportglas lediglich drei verschiedene Gemüsepürees. Also äußerst simpel in der Herstellung. Das Ergebnis ist jedoch beeindruckend aufsehenerregend. Als deutlich erkennbar nicht handelsüblich, lösen diese Gläschenmahlzeiten so manche Lobeshymne auf die fürsorgliche Mama oder den fürsorglichen Papa aus. Nur zu, das haben wir uns redlich verdient!

Hat man die Möglichkeit, das Gläschen im Wasserbad etwas zu erwärmen, bringt eine feine Fleischcreme zusätzlichen Pep ins Glas. Man kombiniere, was gefällt und schmeckt!

Tipp

Natürlich kann man die Gläschenvariationen der Hauptgerichte auch leicht in einen fruchtigen Nachmittagsbrei verwandeln. Seid bei der Zusammenstellung nicht nur kreativ, sondern ruhig auch etwas mutig: Den lieben Kleinen schmecken auch Gemüse-Obst-Kombinationen. Perfekt für längere Ausflüge, da gut vorzubereiten und dazu geeignet, dass mancher Gast im Café große Augen bekommt.

(A) Veggie-Gläschen

Verkehrte Farbenwelt im Gemüsebeet

(B) Hexenkessel

Möhren-Aprikosen-Püree an Roter Bete
auf einem violetten Hirsebett

A

B

Veggie-Gläschen (A)
Verkehrte Farbenwelt im Gemüsebeet

Zubereitungszeit: 30 Minuten
geeignet ab 7 Monaten, stuhlauflockernd

Zutaten für 2 Portionen

2–3 blaue Kartoffeln (200–250 g)
1 mittelgroße Zucchini (ca. 100 g)
2 violette Möhren (ca. 200 g)
1 Pflaume
2–3 TL Rapsöl (nicht kaltgepresst)

Zubereitung

Kartoffeln* schälen, vierteln und mit Wasser bedeckt ca. 15 Minuten weich garen. Wasser abgießen. Währenddessen Zucchini waschen, Enden abschneiden, Zucchini zerkleinern und mit Wasser bedeckt 5–10 Minuten garen.

Möhren schälen und mit Wasser bedeckt ca. 10 Minuten weich kochen. Kurz vor dem Garzeitende die entsteinte Pflaume zu den Möhren geben. Pflaume wieder herausnehmen und die Haut entfernen.

Möhrenkochwasser abgießen, dabei etwas für das Kartoffelpüree zurückbehalten. Möhren und Pflaume mit 1 TL Rapsöl pürieren. Wasser von der Zucchini abgießen und Zucchini mit 1 TL Rapsöl pürieren.

Kartoffeln zusammen mit dem restlichen Rapsöl und etwas Möhrenkochwasser mit einer Gabel zerdrücken und zu einer Creme verarbeiten.

Anrichten

Gemüsepürees in ein Glas schichten.

Gut zu wissen

* Blaue Kartoffeln – dazu zählen Sorten wie Vitelotte, Linzer Blaue oder Blauer Schwede – haben eine feste, leicht mehlige Konsistenz und einen Geschmack, der an Esskastanien erinnert. Dadurch passen sie herrlich in die Herbstküche und die Kleinen lieben dieses Püree.

Wenn das Gericht nicht vorbereitet, sondern noch warm serviert wird, passt auch noch eine feine Fleischcreme on top, wie z. B. vom Kaninchen.

Hexenkessel (B)

Möhren-Aprikosen-Püree an Roter Bete
auf einem violetten Hirsebett

Zubereitungszeit: 30 Minuten
geeignet ab 6 Monaten, stuhlauflockernd

Zutaten für 2 Portionen

1 Rote Bete (ca. 150 g)
2 violette Möhren (ca. 200 g)
1 Aprikose
4 gehäufte EL Hirseflocken
3 TL Rapsöl (nicht kaltgepresst)

Zubereitung

Rote Bete schälen (am besten Handschuhe tragen, da sie ziemlich färbt), klein würfeln, 15–20 Minuten weich garen, das Wasser abgießen und die Rote Bete pürieren.

Währenddessen Möhren schälen, würfeln und in ca. 250 ml Wasser ca. 10 Minuten weich kochen.

Aprikose häuten, entsteinen und 3 Minuten vor dem Garzeitende dazugeben. Das Wasser abgießen, mindestens 200 ml für den Hirsebrei und eventuell ein wenig für das Möhren-Aprikosen-Püree zurückbehalten.

Möhren-Aprikosen-Mischung mit dem Stabmixer fein pürieren und beiseitestellen. Falls das Püree nicht cremig genug wird, einfach etwas Kochwasser hinzugeben.

Hirseflocken* in das aufgefangene Möhrenkochwasser einrühren und unter ständigem Rühren kurz aufkochen lassen. 1 TL Rapsöl untermengen.

Tipp

* Hirse lässt sich universell einsetzen: Aus ihr lassen sich sowohl pikante Mahlzeiten als auch leckere Süßspeisen zubereiten. Bitte darauf achten, dass der Hirsebrei beim Befüllen der Gläschen eine eher flüssige Konsistenz aufweist. Die Hirseflocken quellen beim Abkühlen nach und lassen den Brei noch merklich eindicken.

Anrichten

Den vom Kochwasser violett gefärbten Hirsebrei noch flüssig in die „Unterwegs-Gläschen" füllen und abkühlen lassen.

Je 1 TL Rapsöl unter jedes Gemüsepüree mischen und mit der Roten Bete beginnend auf den Hirsebrei schichten.

Zucchinima(h)l zwei

Limettenhühnchen an zweierlei Zucchinipüree

Zucchinima(h)l zwei

Limettenhühnchen an zweierlei
Zucchinipüree

Zubereitungszeit: 30 Minuten
geeignet ab 7 Monaten, stuhlregulierend

Zutaten für 2 Portionen

1 gelbe Zucchini (100–150 g)
1 grüne Zucchini (100–150 g)
4 EL Bulgur
ca. 50 g Hühnerbrust
½ Limette
1–2 EL Rapsöl (nicht kaltgepresst)

Zubereitung

Zucchini* waschen, die Enden abschneiden und
Zucchini grob gewürfelt getrennt voneinander
mit Wasser bedeckt 5–10 Minuten garen. Wasser
abgießen, Kochwasser der gelben Zucchini auffangen und Bulgur nach Packungsanweisung
darin weich kochen.

Währenddessen Zucchini separat pürieren und
beiseitestellen. Hühnerbrust in Streifen schneiden.
Limette filetieren und zusammen mit Fleisch und
1–2 EL Rapsöl in einer kleinen Pfanne sanft garen.
Anschließend Limettenhühnchen in ein Gefäß
zum Pürieren umfüllen.

Bratfond mit etwas Wasser von der Pfanne lösen
und zum Hühnchen geben. Mit dem Stabmixer zu
einer feinen Creme verarbeiten.

Fertig gegarten Bulgur zu gleichen Teilen unter das
gelbe und grüne Zucchinipüree mischen.

Tipp

* Zucchini ist ein sehr beschei-
denes Gemüse. Die Früchte
besitzen kein dominantes
eigenes Aroma, sondern passen
sich geschmacklich sehr gut an.
Für noch mehr Pep kann man
den Gemüsepürees außerdem
noch einen Spritzer Limetten-
saft untermischen. Da das
Zucchinipüree immer etwas
wässrig wird, sollte der Bulgur
untergemischt werden, um die
Flüssigkeit aufzunehmen.

Anrichten

Die drei Pürees schichtweise in
Gläser füllen und lauwarm oder
auch kalt schmecken lassen.

A

B

(A) **Fleischgläschen**
Rindfleisch-Salat-Möhren-Sandwich

(B) **Verstecktes Hühnchen im Glas**
Hühnchencreme an Pastinaken-Orangen-Püree
auf Kartoffelpüree

Fleischgläschen (A)
Rindfleisch-Salat-Möhren-Sandwich

Zubereitungszeit: 30 Minuten
geeignet ab 7 Monaten, stuhlregulierend

Zutaten für 2 Portionen

2 Möhren (ca. 200 g)
150 g Römischer Salat
2 TL Rapsöl (nicht kaltgepresst)
ca. 50 g Rindfleisch
2 EL Apfelsaft,
evtl. etwas mehr
2 EL Polenta (feiner Maisgrieß)
3 Butterflöckchen

Zubereitung

Möhren schälen, würfeln und mit Wasser bedeckt ca. 10 Minuten weich garen. Wasser abgießen und Möhren mit dem Stabmixer fein pürieren. Salat gründlich waschen, in kochendem Wasser ca. 2 Minuten blanchieren, in Eiswasser abschrecken. Abtropfen lassen und pürieren.

Rapsöl in einer kleinen Pfanne erhitzen. Rindfleisch in feine Streifen oder Würfel schneiden, hineingeben und mit Apfelsaft ablöschen. Bei mittlerer Hitze sanft garen und im Anschluss cremig pürieren. Bei Bedarf kann noch etwas Wasser oder Apfelsaft hinzugegeben werden.

Polenta in 200 ml kochendes Wasser einrühren und ca. 2 Minuten köcheln lassen, bis sie schön weich ist.

Anrichten

Vom Herd nehmen, mit den Butterflöckchen verfeinern und noch leicht flüssig in Gläser füllen – keine Sorge, die Polenta dickt beim Abkühlen noch ein. Nach Belieben Salatpüree, feine Fleischcreme und Möhren einschichten. Wohl bekomms!

Tipp

Dieses Gläschen sollte man im Wasserbad etwas aufwärmen, da kaltes Rindfleisch nicht jedem Baby schmeckt. Kurz gesagt: Es wäre gut, vorab zu wissen, wo man auswärts zu Mittag ist. In den meisten Restaurants ist das Aufwärmen allerdings kein Problem.

Verstecktes Hühnchen im Glas (B)

Hühnchencreme an Pastinaken-Orangen-Püree auf Kartoffelpüree

Zubereitungszeit: 30 Minuten
geeignet ab 6 Monaten, stuhlregulierend

Zutaten für 2 Portionen

2 Kartoffeln (150–200 g)

1–2 Pastinaken (ca. 200 g)

ca. 50 g Hühnerbrust

1 Spritzer Rapsöl
(nicht kaltgepresst)

3 Butterflöckchen

2 EL Orangensaft

Zubereitung

Kartoffeln und Pastinaken schälen, würfeln und mit Wasser bedeckt getrennt voneinander ca. 10 Minuten weich kochen. Wasser abgießen, etwas Pastinakenkochwasser zurückbehalten.

Die Hühnerbrust in Streifen schneiden und in einer kleinen Pfanne mit etwas Pastinaken-kochwasser sanft garen. Anschließend mit dem Kochwasser und 1 Spritzer Rapsöl zu einer feinen Creme pürieren.

Kartoffeln mit einer Gabel zerdrücken. Butter-flöckchen und etwas Wasser für ein lockeres Kartoffelpüree untermengen. Pastinaken mit dem Stabmixer fein pürieren und mit Orangen-saft, der ihnen eine herrlich fruchtige Note verleiht, verfeinern.

Anrichten

Beim Einfüllen in die Gläser mit dem Kartoffel-püree beginnen, dann Hühnchencreme und zum Schluss Pastinaken-Orangen-Püree hineingeben.

Tipp

Dieses Gläschen schmeckt trotz Fleischeinlage lauwarm ebenso wie kalt.

Gut zu wissen

Pastinaken haben einen süßlich-würzigen Geschmack. Sie enthalten mehr Zucker als Möhren und werden deshalb von den Kleinen natürlich ganz besonders geliebt.

„Süßes" Gemüse

„Süßes" Gemüse
Früchte-Gemüse-Sandwich I

Zubereitungszeit: 30 Minuten
geeignet ab 6 Monaten, stuhlregulierend

Zutaten für 1 Portion

1–2 violette Möhren (150–200 g)
2 EL Reis
1 gelbfleischige Nektarine
2 TL Rapsöl (nicht kaltgepresst)
1 EL Orangensaft

Zubereitung

Möhren schälen, würfeln und mit Wasser bedeckt ca. 10 Minuten garen. Aus dem Kochwasser heben.

Reis im violett verfärbten Möhrenkochwasser nach Packungsanweisung weich kochen.

Währenddessen Nektarine schälen, entsteinen, würfeln, ca. 5 Minuten in etwas Wasser garen und mit dem Stabmixer fein pürieren. Möhren ebenfalls pürieren und 1 TL Rapsöl sowie den Orangensaft untermischen.

Nun Reis mit restlichem Rapsöl und etwas Wasser pürieren. Weil er beim Abkühlen nachdickt, etwas mehr Flüssigkeit unterrühren.

Anrichten

Die Pürees in ein Glas schichten, Deckel drauf – und fertig!

Gut zu wissen

Frisches Fruchtmus aus ungekochtem Obst – wie aus Banane, Nektarine oder dem bestens bekannten Apfel – wird an der Luft schnell braun. Deshalb für das „Unterwegs-Gläschen" besser das Obst vorher garen. Das trifft jedoch nur für die letzte Schicht im Glas zu, da sie die einzige ist, die in ständigem Luftkontakt steht.

Zubereitungszeit: 30 Minuten
geeignet ab 8 Monaten, stuhlauflockernd

Zutaten für 1 Portion

ca. 100 g Rote Bete
2 fingerdicke Scheiben Mango
½ Apfel
2 gehäufte EL Hirseflocken
2 TL Rapsöl (nicht kaltgepresst)

Zubereitung

Rote Bete schälen (am besten Handschuhe tragen, da sie ziemlich färbt), würfeln und mit Wasser bedeckt 15–20 Minuten weich kochen. Wasser abgießen. Mangoscheiben schälen und grob würfeln. Apfel ebenfalls schälen, entkernen und vierteln. Zusammen mit Mangowürfeln in ca. 150 ml Wasser 5–10 Minuten sanft weich garen. Wasser abgießen und 100 ml davon auffangen.

Hirseflocken in das Kochwasser rühren, kurz aufkochen lassen und zum Abkühlen bereits in das Gläschen füllen. Da Hirse stark nachdickt, eher flüssig ins Glas geben.

Gegartes Obst trennen und Mango separat mit dem Stabmixer pürieren, eventuell einige Würfel zum Dekorieren zurückbehalten. Anschließend Apfel zusammen mit Roter Bete pürieren.

Anrichten

Unter die abgekühlten Pürees je 1 TL Rapsöl mischen und schichtweise auf den Hirsebrei in das Glas füllen. Eventuell mit einigen Mangowürfeln dekorieren – fertig ist diese herrlich frische Früchte-Gemüse-Variation!

Tipp

Es gibt Dinge, von denen bekommen die Kleinen einfach nie genug. Bei unserem Sprössling war das die Rote Bete. Ob solo oder in Kombination mit anderem Gemüse oder mit Früchten: je mehr, desto besser. Falls Euer Liebling auch solch einen Favoriten hat, empfehle ich, diesen häufig in die Gläschen für unterwegs einzubauen. Denn schließlich soll der Ausflug ja allen Freude bereiten!

Gelbes Kaninchen

Aprikosen-Kaninchenfilet an süßer Mango-Zucchini-Creme

Gelbes Kaninchen
Aprikosen-Kaninchenfilet an süßer Mango-Zucchini-Creme

Zubereitungszeit: 30 Minuten
geeignet ab 7 Monaten, stuhlregulierend

Zutaten für 2 Portionen

1 gelbe Zucchini (ca. 150 g)
2 fingerdicke Scheiben Mango
1 reife Aprikose
1 Kaninchenfilet (ca. 50 g)
2 TL Rapsöl (nicht kaltgepresst)
2 EL Polenta (feiner Maisgrieß)
3 Butterflöckchen

Zubereitung

Zucchini waschen und die Enden abschneiden.
Mango schälen. Beides würfeln und mit Wasser
bedeckt ca. 10 Minuten weich garen. Kochwasser
abgießen und zurückbehalten. Zucchini- und
Mangowürfel mit dem Stabmixer fein pürieren.

Aprikose entsteinen, häuten und in Scheiben
schneiden. Kaninchenfilet* würfeln und mit
Aprikosenscheiben und Rapsöl bei mittlerer
Hitze in einer kleinen Pfanne sanft garen.

Währenddessen 200 ml des aufgefangenen
Kochwassers aufkochen, Polenta hinzugeben
und unter ständigem Rühren leicht köcheln
lassen, bis sie schön weich ist. Butterflöckchen
unterheben und Polenta noch flüssig in die
Gläschen füllen.

Fleisch und Aprikose unter Zugabe von etwas
Kochwasser zu einer feinen Creme pürieren.

Tipp

* Kaninchen haben ein sehr
zartes Fleisch, das an Huhn
erinnert. Daher sollte es auch
nicht stark angebraten werden,
damit es beim Garen nicht
trocken wird.

Anrichten

Erst die Kaninchen-Aprikosen-
Creme, dann die „süße"
Zucchini auf die Polenta in den
Gläschen geben. Mmmh …

(A) Sweet Things im Glas
Früchte-Sandwich

(B) Erdbeer-Tiramisu
Erdbeer-Apfel-Mus an Reiscreme auf Baby-Biskuit

A

B

Sweet Things im Glas (A)
Früchte-Sandwich

Zubereitungszeit: 30 Minuten
geeignet ab 6 Monaten, stuhlauflockernd

Zutaten für 1 Portion

2 EL Reis
2 fingerdicke Scheiben Mango
1 TL Rapsöl (nicht kaltgepresst)
½ Banane

Zubereitung

Reis nach Packungsanweisung in Wasser weich kochen und beiseitestellen.

Mangoscheiben schälen, würfeln, ca. 5 Minuten in wenig Wasser sanft garen. Wasser abgießen und zurückbehalten. Mango mit dem Stabmixer pürieren und abkühlen lassen.

Reis mit etwas Mangokochwasser und dem **Rapsöl** grob pürieren.

Anrichten

In ein Einweckglas füllen – der Reis darf ruhig eine cremige bis halb flüssige Konsistenz haben, da er gern noch eindickt. Für eine noch fruchtigere Note kann man ihn mit etwas Mangosaft beträufeln.

Banane mit einer Gabel zerdrücken und über den Reis geben. Abschließend das Mangopüree darüber verteilen. Fertig!

Tipp

Südfrüchte, wie z. B. Mango, können leicht abführend wirken. Daher zu Beginn nicht übertreiben. Sind die Zähnchen dabei durchzustoßen, braucht man den Reis nicht mehr zu pürieren. Hier heißt es: am besten ausprobieren. Euer Kleines sagt Euch schon, ob's schmeckt oder nicht!

Erdbeer-Tiramisu (B)

Erdbeer-Apfel-Mus an Reiscreme
auf Baby-Biskuit

Zubereitungszeit: 30 Minuten (+ mindestens 3 Stunden Ziehzeit)
geeignet ab 9 Monaten, stuhlregulierend

Zutaten für 1 Portion

½ Apfel
2 EL Reisflocken
3–4 Erdbeeren
(frisch, aus eigenen Landen)
2–3 Baby-Biskuits
1 TL Rapsöl (nicht kaltgepresst)

Zubereitung

Apfel schälen und nach Entfernen des Kern-
gehäuses grob würfeln. Mit Wasser bedeckt
ca. 5 Minuten garen. Das Kochwasser abgießen,
100 ml davon auffangen und für die **Reisflocken**
auf 50 Grad abkühlen lassen.

Erdbeeren* gründlich waschen, putzen, pürieren
und durch ein feines Sieb passieren. Anschließend
mit den abgekühlten Apfelstücken zu einem feinen
Erdbeer-Apfel-Mus pürieren.

Baby-Biskuits mithilfe eines Nudelholzes zwischen
Backpapier fein zerbröseln.

Anrichten

Mit einer Hälfte der Brösel den Boden des Gläs-
chens bedecken und darüber die Hälfte vom
Fruchtmus verteilen.

Reisflocken in das Apfelkochwasser einrühren,
Rapsöl untermischen und die Creme sofort auf
das Erdbeer-Apfel-Mus schichten. Darüber wieder
je eine Lage Biskuit und Fruchtmus füllen.**

Tipp

* Bei Erdbeeren in Baby-
nahrung scheiden sich die
Geister. Wenn die Familie
nicht allergisch vorbelastet
ist, schmecken sie jedem
Baby enorm gut. Im ersten
Lebensjahr sollte man
allerdings, wie bei allen
Beerenfrüchten, die kleinen
Kerne durch Passieren ent-
fernen. Hat man trotzdem
Bedenken, kann man die
Erdbeeren auch gut durch
Johannisbeeren ersetzen.

** Das Erdbeer-Tiramisu kann
sehr gut vorbereitet werden,
denn man sollte es mindestens
3 Stunden – besser noch über
Nacht – kühl stellen, damit
das Biskuit gut im Fruchtsaft
einweichen kann.

Natürlich ist diese Köstlichkeit auch auf der heimischen Kaffeetafel nicht nur ein Gaumen-, sondern auch ein absoluter Augenschmaus.

Praktischerweise lassen sich alle „Unterwegs-Gläschen" für zu Hause genauso gut in normale Gläser füllen. Da die meisten „Unterwegs-Gerichte" auch kalt sehr gut schmecken, hat man so z. B. an heißen Sommertagen eine vielfältige Auswahl für den Menüplan. Außerdem kann man die Gerichte vorab schon mal testen, bevor man mit den Kleinen auf Reisen geht.

Umgekehrt funktioniert es im Übrigen ebenso. Besonders die Nachmittagsbreie aus dem Glas sind beim Nachwuchs beliebt. Wer ein Hauptgericht oder ein Dessert in ein „Unterwegs-Gläschen" umwandeln möchte, muss eigentlich nur zwei Dinge beachten: Das Gericht sollte den Kleinen kalt gut schmecken oder es sollte eine Möglichkeit zum Aufwärmen geben. Und für die Nachmittagsbreie sollte man fürs Gläschen möglichst gekochtes Obst verwenden, um ein unappetitlich braunes Verfärben an der Oberfläche zu vermeiden. Sonst ist es schnell dahin mit der Augenweide zum Löffeln. Zum Start der kleinen Racker in die vielfältige Dessertwelt der Nachmittagsbreie ist gekochtes Obst sowieso meistens bekömmlicher.

Doch damit sind wir schon beim nächsten Kapitel angekommen ...

Desserts

Nachmittagsbreie ab dem 6. Monat

Nun widmen wir uns den Nachmittagsbreien fürs Baby-Kaffeekränzchen, in der Schweiz auch gern das „Z'Vieri" genannt. Für unseren Sohn war dies immer das Highlight des Tages. Die Kleinen lieben natürlich Obst über alles. Die natürliche Süße der Früchte und die tollen Farben entlocken Babys so manch genussvolles „Mmmmh!".

Sobald man eine volle Mahlzeit mit dem Früchte-Allerlei ersetzen kann, geht's erst richtig los. Nicht nur, dass sich die verschiedenfarbigen Fruchtmuse toll in dekorative Gläser schichten lassen, sie sind auch perfekt mit feinen Beilagen wie Reiscreme und Grießbrei kombinierbar. So bleibt Baby länger satt und bei Mama und Papa wird so manche Kindheitserinnerung geweckt. Schließlich hat doch jeder als Kind Grießbrei mit Heidelbeeren geliebt. Oder etwa nicht?

Aber nun genug geredet! Lasst Euch inspirieren – und viel Spaß beim Gang durch die Obstabteilung!

Baby-Bellini

Püree von weißem Pfirsich

Baby-Bellini
Püree von weißem Pfirsich

Zubereitungszeit: 20 Minuten
geeignet ab 6 Monaten, stuhlregulierend

Zutaten für 1 Portion

1 weißer Pfirsich
2 EL Reisflocken
½ Banane
1 TL Rapsöl (nicht kaltgepresst)

Zubereitung

Pfirsich entsteinen, vierteln und in einem Topf mit ca. 200 ml Wasser kurz aufkochen, bis sich die Pfirsichhaut leicht ablöst. Vom Herd nehmen, Pfirsich herausnehmen und schälen. Kochwasser zurückbehalten. Pfirsich anschließend fein pürieren und im Kühlschrank abkühlen lassen.

In der Zwischenzeit die Reisflocken in 100 ml des auf ca. 50 Grad abgekühlten Pfirsichkochwassers einrühren, 1–2 Minuten quellen und abkühlen lassen.

Anrichten

Banane mit einer Gabel zerdrücken und den Boden eines Glases damit bedecken. Im Anschluss die erkaltete Reiscreme auf die Banane schichten.

Rapsöl unter das Pfirsichpüree mischen und Reiscreme damit bedecken. Nach Belieben z. B. mit Banane dekorieren.

Tipp

Ein herrlich pinkfarbenes Dessert, das nicht nur kleine Prinzessinnen begeistert. Erst die erfrischende Pfirsichmousse, dann die cremige, fruchtige Reisschicht und als krönender Abschluss die Süße der Banane. Mmmmh, lecker!

Früchtetaler

Birnen-Hirse-Taler

Früchtetaler
Birnen-Hirse-Taler

Zubereitungszeit: 20 Minuten (+ mindestens 2 Stunden Kühlzeit)
geeignet ab 6 Monaten, stuhlauflockernd

Zutaten für 1 Portion

1 Birne
1 Spritzer Zitronensaft
2 gehäufte EL Hirseflocken
1 TL Rapsöl und
etwas für den Servierring
(nicht kaltgepresst)

Zubereitung

Birne schälen, entkernen, vierteln und mit dem Zitronensaft in ausreichend Wasser ca. 5 Minuten weich garen. Wasser abgießen und zurückbehalten. Birnenstücke abkühlen lassen und je nach Essvorliebe des Babys zu Birnenmus pürieren oder zu einem Birnenkompott fein würfeln.

Nun 100 ml Birnenkochwasser abmessen, Hirseflocken einstreuen und unter ständigem Rühren kurz aufkochen. Die Hälfte des Früchtemuses oder -kompotts sowie Rapsöl in den Hirsebrei rühren, bis er wieder schön cremig bis flüssig ist. In einen mit Rapsöl ausgepinselten hohen Servierring füllen und gut abgedeckt im Kühlschrank abkühlen lassen.

Bis hierhin kann man alles bereits am Vortag oder am Morgen vorbereiten.

Tipp

Wenn es das Baby lieber etwas feuchter mag, empfehle ich einen feinen, selbst gemachten Fruchtsaft, z. B. aus Heidelbeeren. Unser Kleiner hat in der Regel beides dazu verputzt, Kompott und Saft!

Anrichten

Zum Anrichten Servierring entfernen und Rolle in Taler schneiden. Es empfiehlt sich, ein Stückchen Backpapier unterzulegen, da man so die Taler leichter auf den Teller transportieren und ihn darauf drapieren kann.

Mit restlichem Birnenmus oder -kompott servieren.

1

2

Bananamama

Bananen-Apfel-Mousse auf Nektarinenreis

Bananamama

Bananen-Apfel-Mousse auf
Nektarinenreis

Zubereitungszeit: 30 Minuten
geeignet ab 6 Monaten, stuhlregulierend

Zutaten für 1 Portion

½ Nektarine
½ Apfel
2 EL Reis
2 EL Rapsöl und
etwas für den Servierring
(nicht kaltgepresst)
½ Banane

Zubereitung

Nektarine entsteinen und in Spalten schneiden.

Apfel schälen, vierteln und vom Kerngehäuse befreien. Apfel und Nektarine mit Wasser bedeckt ca. 5 Minuten weich kochen. Früchte aus dem Kochwasser heben und Reis darin nach Packungsanweisung garen.

In der Zwischenzeit die Nektarinenspalten von der Schale befreien.

Abgekühlten Reis mit Rapsöl und Fruchtfleisch der Nektarine cremig pürieren und auf einem Teller in einen mit Rapsöl eingepinselten Servierring füllen.

Tipp

* Wenn man die Banane mit weiterem Obst und mithilfe eines Stabmixers püriert, statt sie mit der Gabel zu zerdrücken, wird sie herrlich cremig und luftig locker.

Anrichten

Banane* zusammen mit den Apfelspalten
pürieren und auf dem Nektarinenreis
anrichten. Den Servierring entfernen.

Sieht zwar unspektakulär aus, ist aber
durch das schaumige Bananen-Apfel-
Püree ein unglaublicher Genuss.

1

2

My first praline

Johannisbeer-Bananen-Süppchen mit Hirsekonfekt

My first praline
Johannisbeer-Bananen-Süppchen mit Hirsekonfekt

Zubereitungszeit: 30 Minuten (+ mindestens 1 Stunde Kühlzeit)
geeignet ab 7 Monaten, stuhlauflockernd

Zutaten für 1 Portion

1 kleine Schale schwarze
Johannisbeeren (150 g)
2 EL Hirseflocken
1 TL Rapsöl und
etwas für das Förmchen
(nicht kaltgepresst)
½ Banane

Zubereitung

Johannisbeeren waschen, von den Rispen streifen und entsaften. Mit wenig Wasser kurz aufkochen und durch ein mit einem Tuch ausgelegtes Sieb drücken, um den Saft von den feinen Kernen und der Schale zu trennen.

Hirseflocken in 80 ml heißes Wasser streuen und unter ständigem Rühren kurz aufkochen lassen.

20 ml Johannisbeersaft sowie **Rapsöl** in den Hirsebrei rühren und in ein mit **Rapsöl** ausgepinseltes Eiswürfelförmchen füllen. Darauf achten, dass der Hirsebrei noch schön cremig ist, da er stark nachdickt. Im Kühlschrank gut abkühlen lassen.

Anrichten

Kurz vor dem Servieren **Banane** mit 2–3 EL Johannisbeersaft schaumig pürieren, in einem Schälchen anrichten und mit dem vorsichtig aus der Form gelösten Hirsekonfekt dekorieren.

Tipp

Natürlich lässt sich dieses Dessert in allen Farbschattierungen herstellen, z. B. in Orange wie von Aprikosen. Hauptsache, den Kleinen schmeckt's.

1

2

Mangoccino

Mangomus an Bananenschaum

Mangoccino
Mangomus an Bananenschaum

Zubereitungszeit: 20 Minuten
geeignet ab 8 Monaten, stuhlauflockernd

Zutaten für 1 Portion

2 fingerdicke Scheiben Mango
1 Spritzer Zitronensaft
2 EL Reisflocken
1 kleine Banane
1 TL Rapsöl (nicht kaltgepresst)
3–4 EL Milchschaum aus Vollmilch
1 Msp. Schokoladenpulver
(zum Dekorieren)

Zubereitung

Mango* schälen, in Würfel schneiden und mit Zitronensaft in ca. 200 ml Wasser 3 Minuten kochen. Mangowürfel aus dem Wasser heben, mit dem Stabmixer fein pürieren und kühl stellen. Kochwasser zurückbehalten.

100 ml Mangokochwasser auf 50 Grad abkühlen lassen, Reisflocken einstreuen und gut umrühren.

Kurz vor dem Anrichten Banane und Rapsöl zu einem luftigen Schaum pürieren.

Anrichten

Zum Anrichten erst Reiscreme in ein Glas füllen, darauf Mangomus geben und im Anschluss Bananenschaum darauf verteilen.

Zur Krönung das Ganze noch mit einer Milchschaumhaube bedecken und mit Schokoladenpulver bestäuben. Einfach luftig, fruchtig, lecker!

Tipp

* Mangos sind leicht verdaulich und enthalten wenig Säure, deshalb eignen sie sich besonders gut für das Zubereiten von Babynahrung.

1

2

3

Vollkorn-Macchiato

Birnen-Bananen-Schaum an Haferflockencreme

Vollkorn-Macchiato
Birnen-Bananen-Schaum an Haferflockencreme

Zubereitungszeit: 20 Minuten
geeignet ab 8 Monaten, stuhlauflockernd

Zutaten für 1 Portion

½ Birne
1 Spritzer Zitronensaft
Schmelzflocken für
100 ml Haferbrei
evtl. Vollmilch für
100 ml Haferbrei
1 kleine Banane
etwas Milchschaum aus
Vollmilch, Banane oder
Schokoladenpulver
(zum Dekorieren)

Zubereitung

Birne schälen, entkernen, würfeln, ca. 5 Minuten in
ca. 100 ml Wasser und Zitronensaft weich kochen.
Birnenstücke aus dem Kochwasser heben und
abkühlen lassen. Kochwasser für einen milchfreien
Haferbrei zurückbehalten.

In der Zwischenzeit Schmelzflocken mit Milch*
oder Birnenkochwasser** nach Packungsanweisung für ca. 100 ml Haferbrei zubereiten.

Fertigen Brei in ein Teeglas füllen und abkühlen
lassen. Kurz vor dem Anrichten Birnenstücke und
Banane zu einem cremigen Schaum pürieren und
auf den Haferbrei geben.

Anrichten

Nach Belieben mit Milchschaum, Banane oder
Schokoladenpulver dekorieren. Wohl bekomms!

Tipp

* Für einen Vollkorn-Macchiato
sollte der Haferbrei mit Milch
zubereitet werden.

** Entscheidet man sich für die
milchfreie Variante, empfehle
ich, das Birnenkochwasser zum
Anrühren des Breis zu verwenden. So erhält er eine leicht
fruchtige Note. Farblich wird
es dann allerdings eher ein
Vollkorn-Milchkaffee.

1

2

3

Gute-Laune-Mus

Mango-Apfel-Püree an Papayaschaum

Gute-Laune-Mus
Mango-Apfel-Püree an Papayaschaum

Zubereitungszeit: 20 Minuten
geeignet ab 8 Monaten, stuhlauflockernd

Zutaten für 1 Portion

1 fingerdicke Scheibe Mango
½ Apfel
1 TL Rapsöl (nicht kaltgepresst)
2 EL Reisflocken
¼ Papaya
½ Banane
einige Fruchtstückchen
(zum Garnieren)

Zubereitung

Mango und Apfel schälen und in Würfel schneiden. Zusammen in ca. 200 ml Wasser 2 Minuten kochen.

Obst aus dem Kochwasser heben, mit dem Stabmixer fein pürieren und kühl stellen. Kochwasser zurückbehalten. Kurz vor dem Anrichten Rapsöl unter das Püree mischen.

100 ml Kochwasser auf 50 Grad abkühlen lassen, Reisflocken einstreuen und gut umrühren.

Papaya von Kernen und Schale befreien und mit der Banane schaumig pürieren.

Anrichten

Zum Anrichten erst Mango-Apfel-Mus in ein Glas füllen, darüber Reiscreme geben und zum Schluss Papaya-Bananen-Schaum darauf verteilen.

Mit ein paar Fruchtstückchen garnieren und die strahlenden Augen des Babys beim Anblick des Gute-Laune-Muses genießen.

Tipp

Oft macht man am Wochenende zum Brunch einen Fruchtsalat. Et voilà, hier sind ja bereits alle Zutaten vorhanden! Ist das Baby dann etwas älter, kann man dem Mango-Apfel-Püree auch gut kleine Ananaswürfel beigeben.

Herzensbrecher

Apfelreis an Brombeersoße

Herzensbrecher
Apfelreis an Brombeersoße

Zubereitungszeit: 20 Minuten
geeignet ab 8 Monaten, stuhlregulierend

Zutaten für 1 Portion

1 kleiner Apfel (leicht säuerlich)

2 EL Reis

1 kleine Schale Brombeeren
(150 g)

1 TL Rapsöl und
etwas für die Förmchen
(nicht kaltgepresst)

Zubereitung

Apfel schälen, vom Kerngehäuse befreien, in Spalten schneiden und in ausreichend Wasser ca. 5 Minuten kochen. Wasser zurückbehalten. Apfelspalten beiseitestellen.

Reis nach Packungsanweisung im Apfelkochwasser weich garen.

In der Zwischenzeit **Brombeeren** waschen, mit einer Gabel zerdrücken und Saft durch ein feines Sieb auffangen. Reis mit dem Apfel pürieren, **Rapsöl** untermengen.

Anrichten

Den Apfelreis in **geölten** Backförmchen in einer Schale anrichten. Die Förmchen entfernen. Mit Brombeersaft umgeben – fertig ist ein neues Leibgericht. So einfach und doch so lecker. Da werden Kindheitserinnerungen wach.

Bitte beachten

Beerenfrüchte sollten unbedingt durch ein Sieb gedrückt werden. Die feinen Kerne können sonst zu Verdauungsstörungen führen!

Grieß-Zaubereien

Vanille-Apfel-Quitten-Kompott an Grießbrei

Grieß-Zaubereien
Vanille-Apfel-Quitten-Kompott an Grießbrei

Zubereitungszeit: 20 Minuten (+ Kühlzeit)
geeignet ab 8 Monaten, stuhlauflockernd

Zutaten für 1 Portion

1 süßer Apfel (z. B. Gala)

½ Quitte

1 Spritzer Zitronensaft

½ Vanilleschote

100 ml Vollmilch

1 EL Kindergrieß

etwas Rapsöl für den Servierring

etwas Obst (zum Garnieren)

Zubereitung

Apfel und Quitte schälen, vom Kerngehäuse befreien, würfeln und zusammen mit Zitronensaft mit Wasser bedeckt ca. 5 Minuten weich garen.

Vanilleschote* längs aufschlitzen, Mark herauskratzen und mit der Schote nach der Hälfte der Garzeit zum Apfel-Quitten-Kompott geben.

Nun Vollmilch in einem mit kaltem Wasser ausgespülten Topf erhitzen, Grieß mit einem Schneebesen einrühren und 1 Minute kochen lassen.

Anschließend in einen mit Rapsöl ausgepinselten Servierring füllen und abkühlen lassen.

Wasser vom Apfel-Quitten-Kompott abgießen, Vanilleschote entfernen, Kompott grob pürieren und ebenfalls abkühlen lassen.

Tipp

Wenn man mal verschiedenfarbige Desserts vorbereiten möchte, kann man einen Teil der Milch durch frisch gepressten Fruchtsaft ersetzen (ca. ein Drittel) oder den Brei sogar mit ein paar Fruchtstückchen versetzen. Den so eingefärbten, noch flüssigen Grießbrei in gut eingeölte Backförmchen füllen und am besten über Nacht im Kühlschrank abkühlen lassen. Garniert man das Ganze schließlich mit frischem Fruchtmus, Kompott oder Saft, kann man tolle neue Grieß-Variationen zaubern, wie beispielsweise eine „falsche Pannacotta" oder Babys erstes kleines „Festtagstörtchen".

Gut zu wissen

Anrichten

Vor dem Einfüllen des Kompotts den Servierring vorsichtig vom Grießbrei lösen, um zu vermeiden, dass er haften bleibt.

Noch mit etwas Obst garnieren und fertig ist ein feines herbstliches Milchbrei-Dessert.

1

2

Sweet Guacamole

Avocado-Bananen-Schaum an Papaya

Sweet Guacamole
Avocado-Bananen-Schaum an Papaya

Zubereitungszeit: 20 Minuten
geeignet ab 8 Monaten, stuhlauflockernd

Zutaten für 1 Portion

100 g Papaya
6 gestrichene EL Schmelzflocken
1 TL Rapsöl (nicht kaltgepresst)
¼–½ Avocado
1 Spritzer Zitronensaft
½ Banane

Zubereitung

Papaya von Kernen und Schale befreien und fein würfeln. Schmelzflocken in 90 ml kaltes Wasser rühren, kurz aufkochen, vom Herd nehmen und Rapsöl untermengen. Während des Abkühlens die Creme mehrmals umrühren.

Kurz vor dem Anrichten Avocado aus der Schale lösen, mit Zitronensaft beträufeln und mit der Banane schaumig pürieren.

Anrichten

Alles schichtweise in ein Glas füllen. Viel Freude beim Genießen dieses cremigen Desserttraums!

Tipp

Wenn das Baby noch etwas jünger ist, einfach die Papaya mit der abgekühlten Hafercreme pürieren. Von den Zutaten her kann man es von Anfang an als Nachmittagsbrei empfehlen. Papaya hat ein sehr weiches Fruchtfleisch. Für unseren Sohn war sie neben der Banane eine der ersten Früchte, die er aus der Hand gegessen hat. Also, nur Mut zu etwas Exotik!

Himbeer-Variationen

Bananenreis an Himbeerspiegel

Himbeer-Variationen
Bananenreis an Himbeerspiegel

Zubereitungszeit: 20 Minuten
geeignet ab 9 Monaten, stuhlregulierend

Zutaten für 1 Portion

1 kleines Schälchen Himbeeren
(150 g)
2 EL Reis
1 TL Rapsöl und
etwas für das Backförmchen
(nicht kaltgepresst)
½ Banane

Zubereitung

Himbeeren zum Entsaften durch ein feines Sieb drücken. **Reis** nach Packungsanweisung mit Wasser weich kochen, abkühlen lassen und mit **Rapsöl** und der halben **Banane** schön cremig pürieren.

Anrichten

Bananenreis in einem mit **Rapsöl** eingepinselten Backförmchen auf einem Teller anrichten. Das Backförmchen entfernen und den Reis mit Himbeersaft umgeben.

Tipp

Eine süßere Alternative sind Heidelbeeren. Vor den zu erwartenden dunkelblauen Dekoflecken auf dem Lätzchen braucht man sich nicht zu fürchten: Sie lassen sich deutlich besser entfernen als Möhrenbrei. Aber auch bei diesem Rezept die Bitte: egal, ob Himbeeren oder Heidelbeeren, unbedingt die Früchte durch ein feines Sieb drücken!

Der süße Reis und der säuerliche Himbeersaft zaubern jedem Baby ein Lächeln ins Gesicht. Komischerweise kann es für die Kleinen gar nicht sauer genug sein. Unser Sohn quietschte immer vor Vergnügen bei diesem Dessert. So viel zu: „Sauer macht lustig!"

1

2

Variante: Himbeerreis und Banane

Weich gekochten Reis im Himbeersaft einweichen, bis der Reis Farbe angenommen hat. Rapsöl untermischen.

Anrichten

Kurz vor dem Anrichten Banane mit einer Gabel zerdrücken und in einer Schüssel in den mit Rapsöl eingepinselten Servierring füllen. Servierring vorsichtig entfernen und den Himbeerreis* um den Bananenbrei platzieren.

Tipp

* Den Himbeerreis ruhig schon am Vortag vorbereiten und abgedeckt im Kühlschrank durchziehen lassen. So kann er den Himbeersaft vollkommen aufnehmen und wird noch fruchtiger im Geschmack.

Bitte beachten: Ganze Beerenfrüchte, sprich mit den feinen Kernen, werden erst ab einem Lebensjahr empfohlen.

1

2

Meet the Orient

Papaya an Möhren-Rosinen-Püree auf Bulgur gebettet

Meet the Orient

Papaya an Möhren-Rosinen-Püree auf Bulgur gebettet

Zubereitungszeit: 30 Minuten
geeignet ab 10 Monaten, stuhlregulierend

Zutaten für 1 Portion

1 gelbe Möhre
("Pfälzer Möhre"; ca. 100 g)

6 Rosinen

2 EL Bulgur

ca. 100 g Papaya

2 TL Rapsöl und
etwas für den Servierring
(nicht kaltgepresst)

einige Papayawürfel
(zum Garnieren)

Zubereitung

Möhre schälen, klein schneiden und mit Wasser bedeckt ca. 10 Minuten weich garen. Möhrenstücke aus dem Kochwasser heben, das Wasser zurückbehalten. Möhren pürieren, Rosinen klein schneiden und untermengen.

Bulgur nach Packungsanweisung im Möhrenkochwasser weich garen und anschließend abkühlen lassen. Währenddessen Papaya von der Schale und den Kernen befreien und fein würfeln.

Vor dem Anrichten je 1 TL Rapsöl unter Bulgur und Möhren-Rosinen-Püree mischen.

Anrichten

Gemüse und Bulgur mithilfe eines mit Rapsöl eingepinselten Servierrings übereinanderschichten. Servierring entfernen. Das Ganze mit Papayawürfeln dekorieren – und fertig ist eine fruchtig-exotische Nachmittagsmahlzeit mit orientalischem Touch.

Tipp

Aus den Zutaten ist auch schnell ein Mittagsmahl gezaubert. Hierfür einfach die Papaya durch z. B. Chioggia-Rüben (eine pink-weiß gestreifte Rote-Bete-Sorte) ersetzen. Diese weich garen, würfeln oder pürieren und wie gehabt anrichten. Guten Appetit!

Natürlich sollte ich nun noch schnell ein paar mahnende Worte an eifrig aufspringende Mütter und Väter richten, die mal eben die Video- oder Fotokamera hervorkramen möchten, während sich das liebe Kleine nicht nur über das leckere Menü, sondern auch übers Porzellan hermacht. Also bitte, lasst Euren kleinen Schatz nicht allein mit dem herrlichen Festmahl am Tisch sitzen! Schnappt Euch lieber einen Teller und probiert selbst die köstlichen Speisen. Ihr werdet staunen!

Index

In dieser Reihe
sind bisher erschienen …

Kalte Küche

Warme Küche

Party

Desserts

Salate

Gourmini

Impressum

Originalausgabe Becker Joest Volk Verlag
© 2013 – alle Rechte vorbehalten
1. Auflage März 2013
ISBN 978-3-938100-83-7

Rezepte, Text Cora Mini
Food-Fotografie Hubertus Schüler
Foodstyling Tobias Rauschenberger
Step-Fotografie Benedikt Koester
Fotoassistenz Tim Wachnowski
Baby-Porträts Cora Mini
Layout, typografische Gestaltung
Dipl.-Des. Anne Krause nach der Konzeption
von Dipl.-Des. Justyna Krzyzanowska
für Makro Chroma Joest & Volk OHG,
Werbeagentur, Hilden
Satz, Bildbearbeitung, Lithografie
Makro Chroma Joest & Volk OHG,
Werbeagentur, Hilden
Lektorat Bettina Snowdon
Projektleitung Johanna Hänichen
Druck Firmengruppe APPL, aprinta druck GmbH,
Wemding, Deutschland

Praktisch: Die Einkaufslisten zu den Rezepten aus diesem Buch können Sie unter www.bjvv.de/mengenrechner-gourmini für die gewünschte Personenzahl berechnen und für Ihren Einkauf ausdrucken.

Dank

Von ganzem Herzen möchte ich mich mit diesen Zeilen bei meinen beiden Männern bedanken: bei meinem Sohn Gian Marco, der oft mit viel Geduld auf sein Extramenü gewartet hat, weil Mami noch schnell ein Foto schießen wollte oder es mit dem Anrichten mal wieder etwas länger gedauert hat. Trotz der Wartezeit schenktest Du mir jedes Mal aufs Neue Dein zauberhaftes Lächeln, wenn Mamas Kreationen vor Dir auf dem Tisch auftauchten. Beispiellos war auch Dein absolut unerschrockener Appetit, mit dem Du Dich mutig sogar über Unbekanntes auf dem Speiseplan hermachtest und mit Begeisterung nach mehr verlangtest.

Dank gilt ebenso meinem geliebten Ehemann Oliver. Wäre ich nicht auf so viel Verständnis und Zuspruch bei Dir getroffen, hätte mir wohl der Mut gefehlt, aus einer Idee ein Buch entstehen zu lassen und dieses sogar zu veröffentlichen. Merci!